Impressum
Verlag: BABADADA GmbH, Nedderfeld 112 , 22529 Hamburg
Geschäftsführer / Verlagsleitung: Harald Hof
Druck: Books on Demand GmbH, In de Tarpen 42, 22848 Norderstedt

Imprint
Publisher: BABADADA GmbH, Nedderfeld 112 , 22529 Hamburg, Germany
Managing Director / Publishing direction: Harald Hof
Print: Books on Demand GmbH, In de Tarpen 42, 22848 Norderstedt, Germany

escola

escola

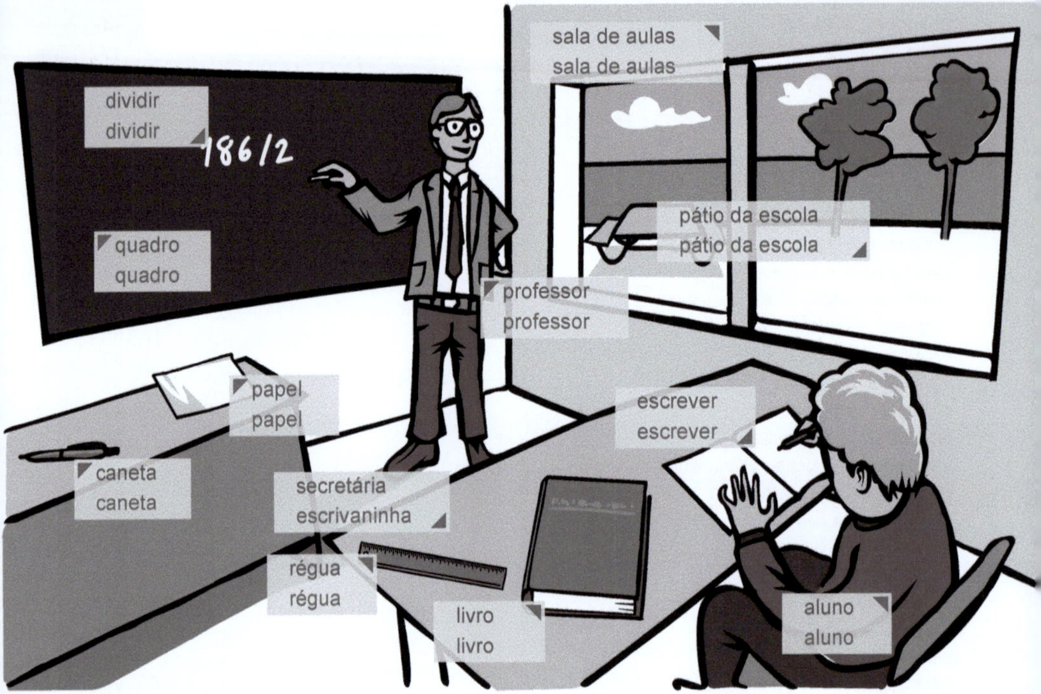
sala de aulas
sala de aulas
dividir
dividir
186/2
quadro
quadro
pátio da escola
pátio da escola
professor
professor
papel
papel
escrever
escrever
caneta
caneta
secretária
escrivaninha
régua
régua
livro
livro
aluno
aluno

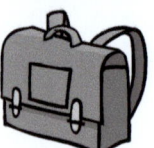

mochila
sacola

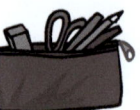

estojo de lápis
estojo de lápis

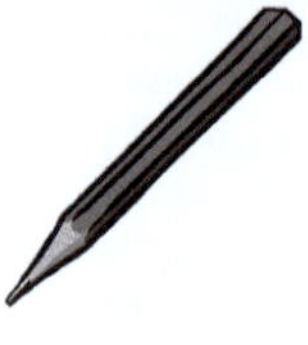

lápis
lápis

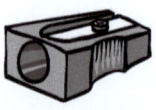

afia-lápis
apontador de lápis

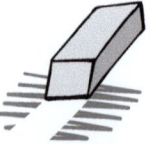

borracha
borracha

bloco de desenho
bloco de desenho

desenho

desenho

pincel

pincel

caixa de tintas

estojo de tintas

tesoura

tesoura

cola

cola

livro de exercícios

livro de exercícios

trabalhos de casa

lição de casa

número

número

2+2

somar

somar

subtrair

subtrair

multiplicar

multiplicar

calcular

calcular

letra

letra

ABCDEFG
HIJKLMN
OPQRSTU
VWXYZ

alfabeto

alfabeto

palavra

palavra

texto

texto

ler

ler

giz

giz

hora

hora

registo de presenças

registro da classe

exame

exame

certificado

certificado

uniforme escolar

uniforme escolar

educação

educação

enciclopédia

enciclopédia

universidade

universidade

microscópio

microscópio

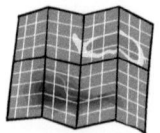

mapa

mapa

cesto de lixo

cesto de lixo

4

viagem
viagem

hotel
hotel
Grand
hostel
albergue
ROOMS
EXCHANGE
casa de câmbio
casa de câmbio
mala
mala
carro
carro

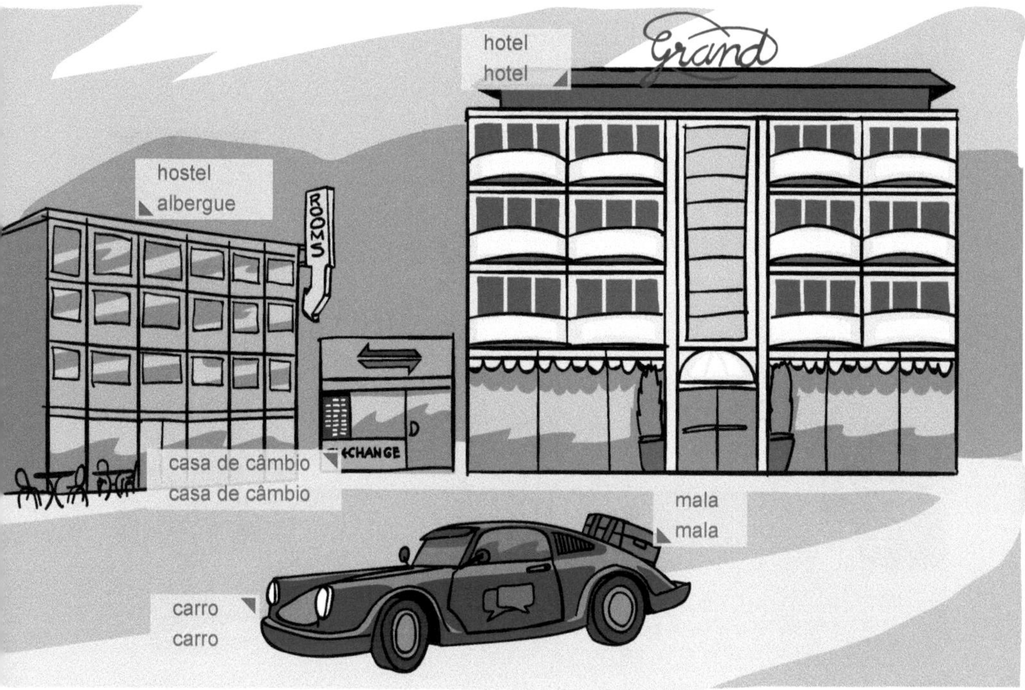

idioma

idioma

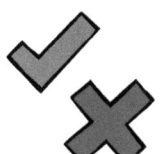

sim / não

sim / não

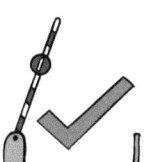

ok / certo / correto

ok

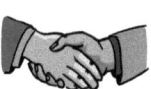

olá

Olá

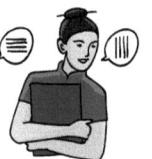

intérprete

tradutor

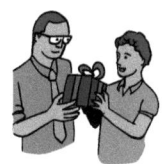

obrigado

obrigado

quanto é que custa... ?

quanto custa...?

não entendo

eu não entendo

problema

problema

boa noite!

boa noite!

Bom dia!

Bom dia!

Boa noite!

Boa noite!

adeus

até logo

direção

direção

bagagem

bagagem

saco

bolsa

mochila

mochila

convidado

convidado

quarto

quarto

saco-cama

saco de dormir

tenda

barraca

informação turística

informação turística

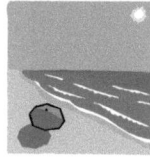

praia

praia

cartão de crédito

cartão de crédito

pequeno-almoço

café da manhã

almoço

almoço

jantar

jantar

bilhete

bilhete

elevador

elevador

selo postal

selo

fronteira

fronteira

alfândega

alfândega

embaixada

embaixada

visto

visto

passaporte

passaporte

transporte
transporte

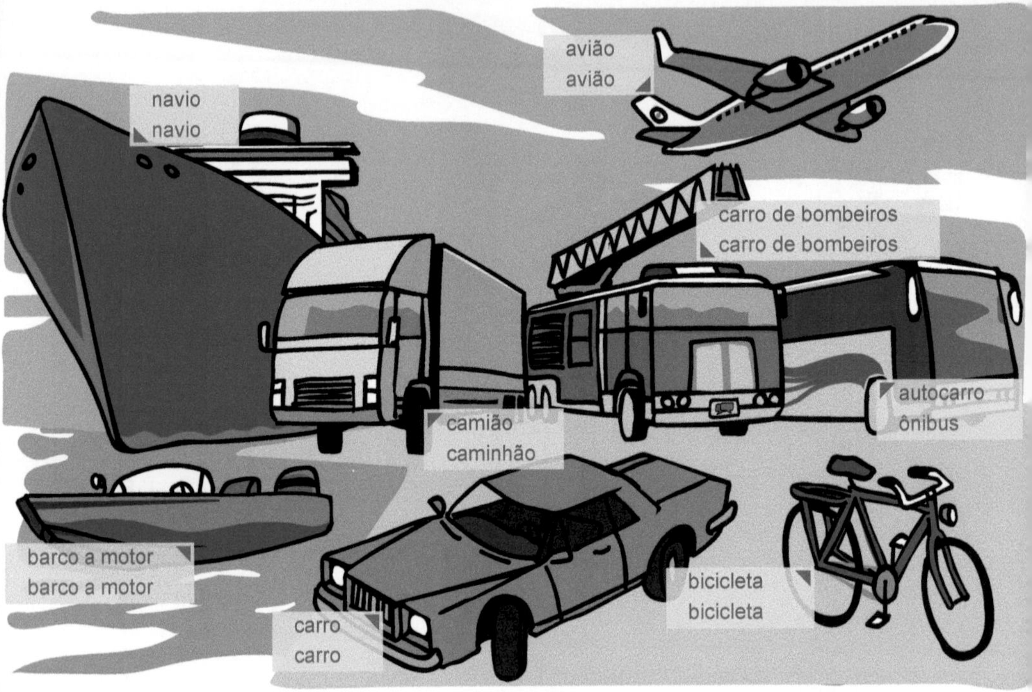
navio
navio
avião
avião
carro de bombeiros
carro de bombeiros
camião
caminhão
autocarro
ônibus
barco a motor
barco a motor
carro
carro
bicicleta
bicicleta

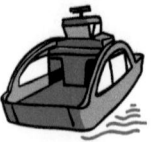

cacilheiro
balsa

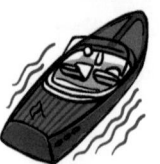

barco
barco

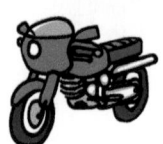

mota
motocicleta

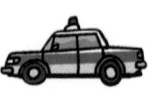

carro de polícia
veículo policial

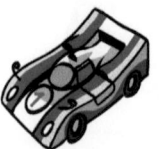

carro de corrida
carro de corrida

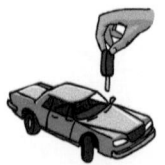

carro alugado
carro de aluguel

carsharing

compartilhamento de automóvel

camião de reboque

caminhão de reboque

camião do lixo

caminhão de lixo

motor

motor

combustível

combustível

estação de serviço

posto de gasolina

sinal de trânsito

placa de trânsito

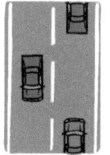

trânsito

trânsito

congestionamento de trânsito

trânsito lento

parque de estacionamento

estacionamento

estação ferroviária

estação de trem

carris

trilhos

comboio

trem

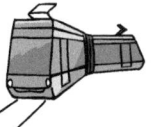

elétrico

bonde

carruagem

vagão

helicóptero

helicóptero

aeroporto

aeroporto

torre

torre

passageiro

passageiro

contentor

contêiner

caixa de papelão

cartolina

carrinho

carroça

cesto

cesto

levantar voo / aterrar

decolar / pousar

cidade

cidade

aldeia

vilarejo

centro da cidade

centro da cidade

casa

casa

cinema
cinema

publicidade
propaganda

poste de iluminação
iluminação de rua

CINEMA

rua
rua

táxi
taxi

quiosque
quiosque

peão
pedestre

passeio
calçada

cruzamento
cruzamento

passadeira para peões
faixa de pedestres

caixote do lixo
lixeira

semáforo
semáforo

cabana
cabana

apartamento
apartamento

estação ferroviária
estação de trem

câmara municipal
prefeitura

museu
museu

escola
escola

cidade - cidade

universidade

universidade

banco

banco

hospital

hospital

hotel

hotel

farmácia

farmácia

escritório

escritório

livraria

livraria

loja

loja

florista

floricultura

supermercado

supermercado

mercado

mercado

loja de departamentos

loja de departamentos

peixaria

peixaria

centro comercial

centro comercial

porto

porto

parque

parque

banco

banco

ponte

ponte

escadas

escadas

metro

metrô

túnel

túnel

paragem de autocarro

ponto de ônibus

bar

bar

restaurante

restaurante

caixa de correio

caixa de correspondência

sinal de trânsito

placa de rua

parquímetro

parquímetro

jardim zoológico

zoológico

piscina

piscina

mesquita

mesquita

cidade - cidade

quinta

fazenda

poluição

poluição

cemitério

cemitério

igreja

igreja

parque infantil

parquinho

templo

templo

paisagem

paisagem

folha
folha

placa de sinalização
placa de sinalização

caminho
caminho

prado
gramado

pedra
pedra

árvore
árvore

caminhantes
caminhantes

rio
rio

relva
grama

flor
flor

vale
vale

montanha
montanha

lago
lago

floresta
floresta

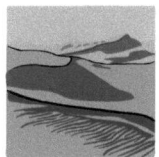

deserto
deserto

vulcão
vulcão

castelo
castelo

arco-íris
arco-íris

cogumelo
cogumelo

palma
palmeira

mosquito
mosquito

mosca
mosca

formiga
formiga

abelha
abelha

aranha
aranha

besouro

besouro

sapo

sapo

esquilo

esquilo

ouriço

ouriço

lebre

lebre

coruja

coruja

pássaro

pássaro

cisne

cisne

javali

javali

veado

veado

alce

alce

barragem

barragem

turbina eólica

aerogerador

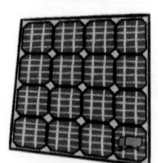

painel solar

painel solar

clima

clima

restaurante
restaurante

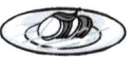

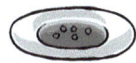

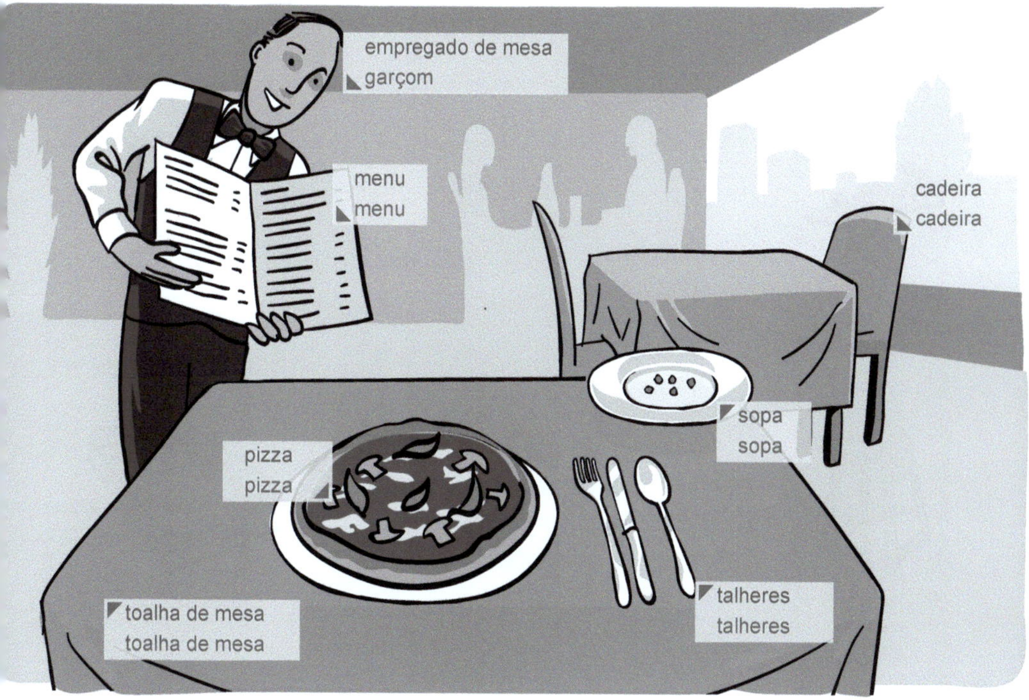
empregado de mesa
garçom
menu
menu
cadeira
cadeira
sopa
sopa
pizza
pizza
talheres
talheres
toalha de mesa
toalha de mesa

entrada

entrada

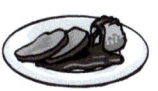

prato principal

prato principal

sobremesa

sobremesa

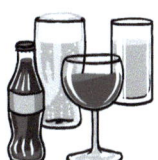

bebidas

bebidas

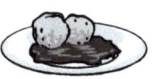

comida

comida

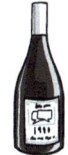

garrafa

garrafa

fast food

fastfood

comida de rua

comida de rua

bule de chá

bule de chá

açucareiro

açucareiro

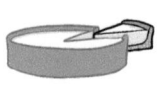

porção

porção

máquina de café expresso

máquina de expresso

cadeira alta

cadeirão

conta

conta

bandeja

bandeja

faca

faca

garfo

garfo

colher

colher

colher de chá

colher de chá

guardanapo

guardanapo

copo

copo

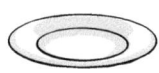

prato
prato

prato de sopa
prato de sopa

pires
pires

molho
molho

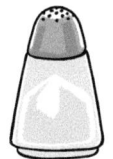

saleiro
saleiro

moinho de pimenta
moedor de pimenta

vinagre
vinagre

óleo
óleo

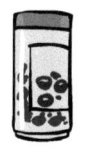

especiarias
especiarias

ketchup
ketchup

mostarda
mostarda

maionese
maionese

supermercado
supermercado

oferta especial
oferta especial
FOR
cliente
cliente
laticínios
laticínios
fruta
frutas
carrinho de compras
carrinho de compras

BUTCHERS

talho
açougue

BAKERY

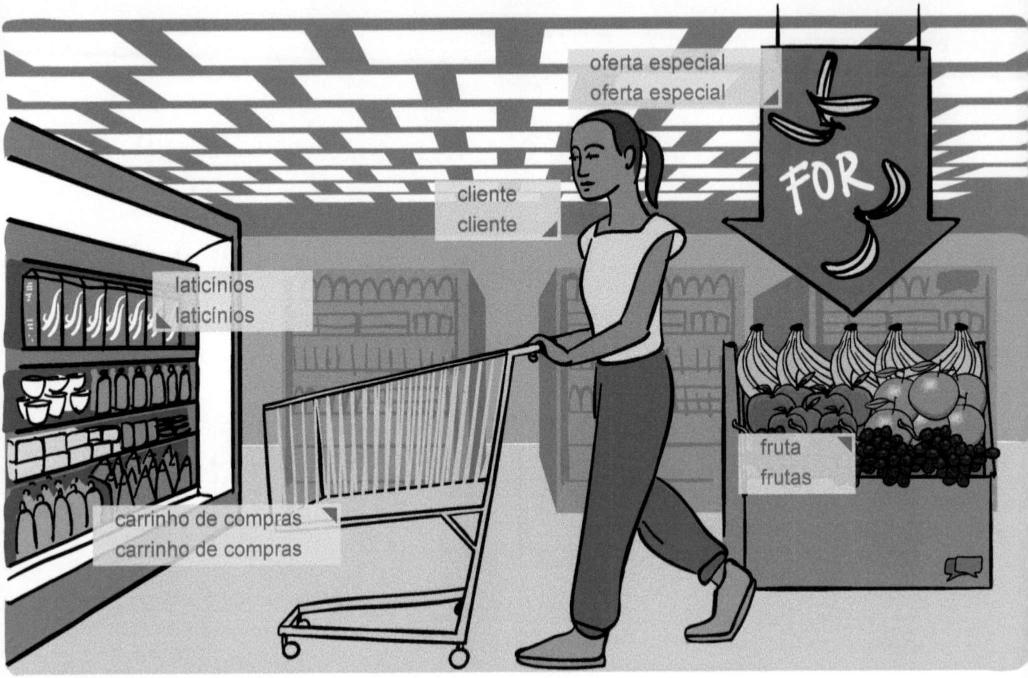

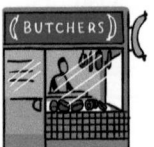

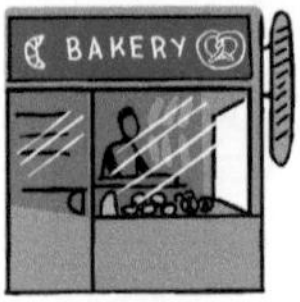

padaria
padaria

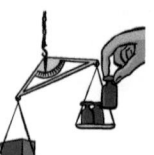

pesar
pesar

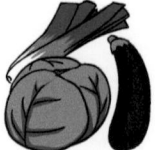

vegetais
legumes

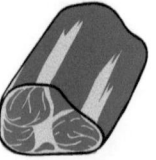

carne
carne

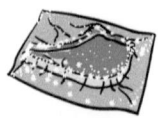

alimentos congelados
congelados

charcutaria

charcutaria

comida enlatada

conservas

detergente em pó

detergente em pó

doces

doces

artigos domésticos

artigos domésticos

produtos de limpeza

produtos de limpeza

vendedora

vendedora

caixa

caixa

caixa

caixa

lista de compras

lista de compras

horário de funcionamento

horário de funcionamento

carteira

carteira

cartão de crédito

cartão de crédito

saco

sacola

saco de plástico

saco plástico

água
água

sumo
suco

leite
leite

coca-cola
coca-cola

vinho
vinho

cerveja
cerveja

álcool
álcool

cacau
cacau

chá
chá

café
café

café expresso
expresso

capuccino
cappuccino

banana

banana

maçã

maçã

laranja

laranja

melão

melão

limão

limão

cenoura

cenoura

alho

alho

bambu

bambu

cebola

cebola

cogumelo

cogumelo

nozes

nozes

talharim

macarrão

esparguete
....
espaguete

arroz
....
arroz

salada

salada

batatas fritas
....
batatas fritas

batatas fritas
....
batatas frias

pizza
....
pizza

hambúrguer
....
hambúrger

sanduíche
....
sanduíche

bife panado
....
escalope

fiambre
....
presunto

salame
....
salame

salsicha
....
salsicha

galinha
....
galinha

assado
....
assado

peixe
....
peixe

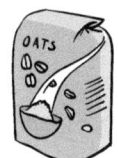

flocos de aveia
flocos de aveia

muesli
granola

flocos de milho
flocos de milho

farinha
farinha

croissant
croissant

carcaça (pãozinho)
pãozinho

pão
pão

torrada
torrada

biscoitos
biscoitos

manteiga
manteiga

requeijão
requeijão

bolo
bolo

ovo
ovo

ovo estrelado
ovo frito

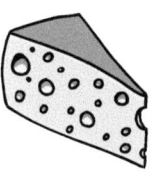

queijo
queijo

gelado
sorvete

açúcar
açúcar

mel
mel

compota
geleia

creme de nougat
creme de avelãs

caril
curry

quinta

fazenda

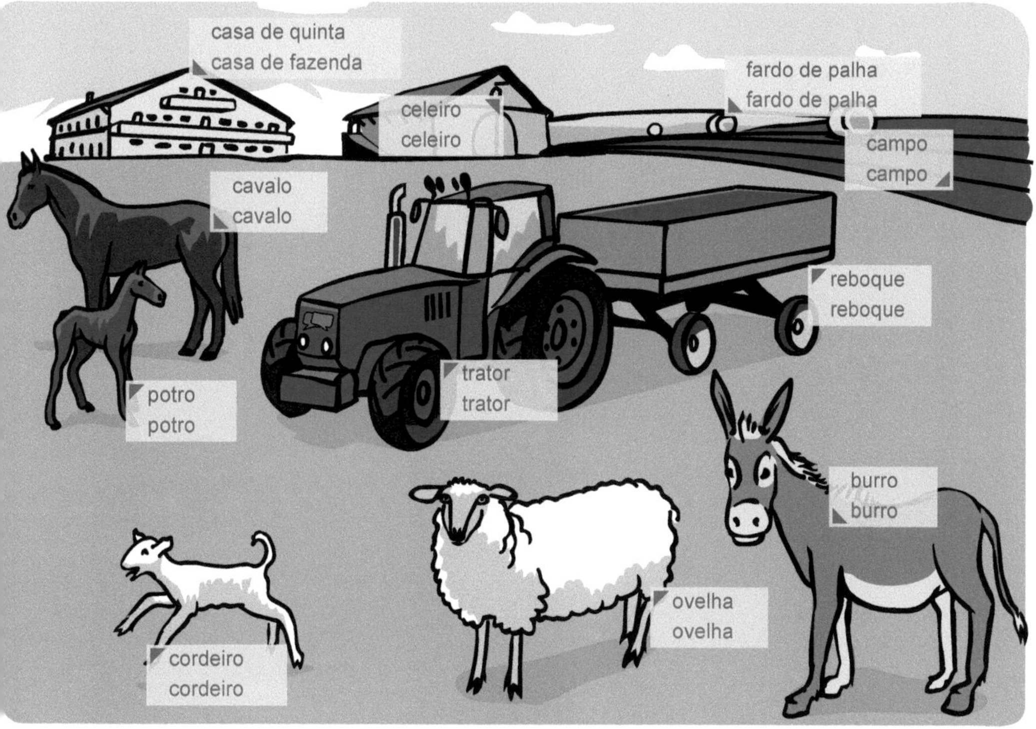

casa de quinta
casa de fazenda
celeiro
celeiro
fardo de palha
fardo de palha
campo
campo
cavalo
cavalo
reboque
reboque
trator
trator
potro
potro
burro
burro
ovelha
ovelha
cordeiro
cordeiro

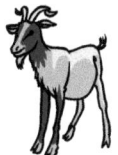

cabra
....
cabra

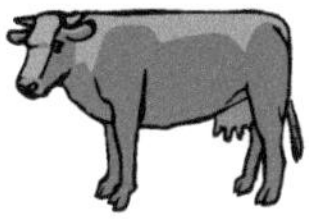

vaca
....
vaca

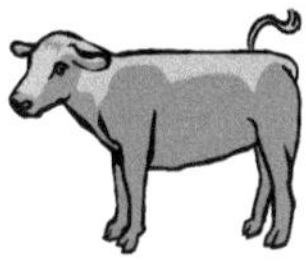

bezerro
....
bezerro

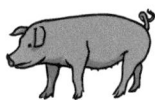

porco
....
porco

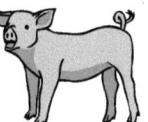

leitão
....
leitão

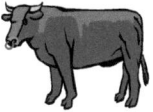

touro
....
touro

ganso
ganso

pato
pato

pintaínho
pintinho

galinha
galinha

galo
galo

ratazana
ratazana

gato
gato

rato
camundongo

boi
boi

cão
cachorro

casota
casinha do cachorro

mangueira de jardim
mangueira de jardim

regador
regador

foice
foice

arado
arado

foice

foice

enxada

enxada

forquilha

forquilha

machado

machado

carrinho de mão

carrinho de mão

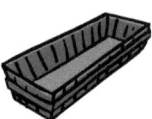

manjedoura

manjedoura

jarro de leite

jarra de leite

saco

saco

cerca

cerca

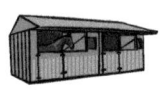

estábulo

estábulo

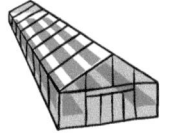

estufa

estufa

solo

solo

semente

semente

fertilizante

fertilizante

ceifeira-debulhadora

colheitadeira

colher

colher

colheita

colheita

inhame

inhame

trigo

trigo

soja

soja

batata

batata

milho

milho

colza

colza

árvore de fruto

árvore frutífera

mandioca

mandioca

cereais

cereais

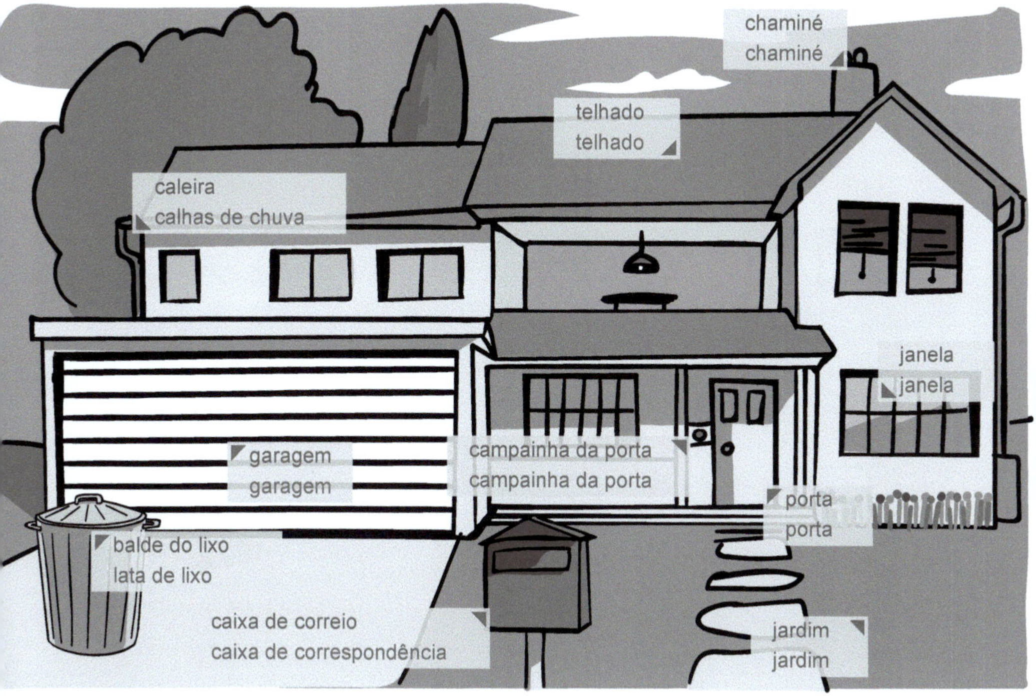

chaminé
chaminé

telhado
telhado

caleira
calhas de chuva

janela
janela

garagem
garagem

campainha da porta
campainha da porta

porta
porta

balde do lixo
lata de lixo

caixa de correio
caixa de correspondência

jardim
jardim

sala de estar
sala de estar

casa de banho
banheiro

cozinha
cozinha

quarto de dormir
quarto de dormir

quarto de criança
quarto de criança

sala de jantar
sala de jantar

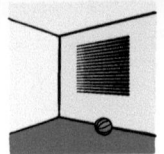

chão
chão

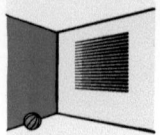

parede
parede

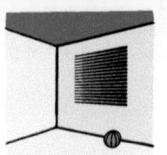

teto
teto

cave
porão

sauna
sauna

varanda
varanda

terraço
terraço

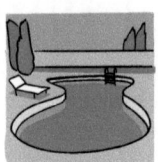

piscina
piscina

máquina de cortar relvado
cortador de grama

lençol
lençol

cobertor
coberta

cama
cama

vassoura
vassoura

balde
balde

interruptor
interruptor

sala de estar
sala de estar

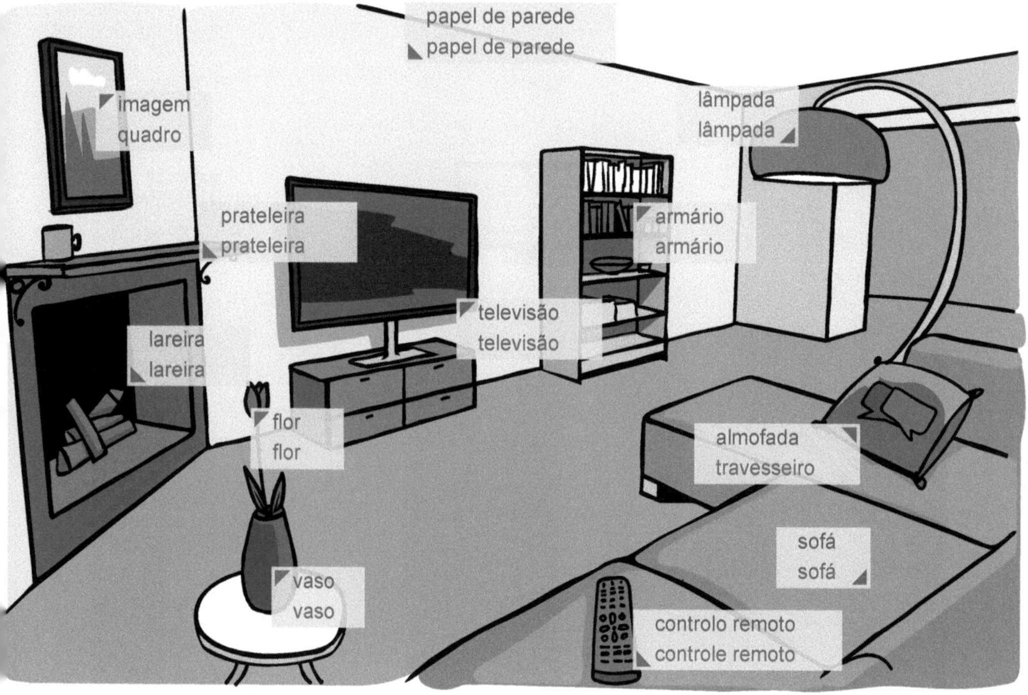
papel de parede
papel de parede
imagem
quadro
lâmpada
lâmpada
prateleira
prateleira
armário
armário
televisão
televisão
lareira
lareira
flor
flor
almofada
travesseiro
sofá
sofá
vaso
vaso
controlo remoto
controle remoto

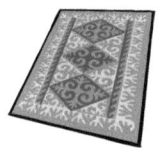

tapete
tapete

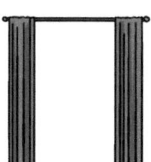

cortina
cortina

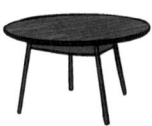

mesa
mesa

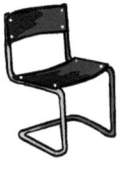

cadeira
cadeira

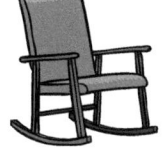

cadeira de baloiço
cadeira de balanço

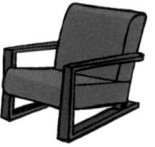

poltrona
poltrona

livro

livro

cobertor

cobertor

decoração

decoração

lenha

lenha

filme

filme

sistema estéreo

equipamento de som

chave

chave

jornal

jornal

pintura

pintura

pôster

pôster

rádio

rádio

bloco de notas

bloco de notas

aspirador

aspirador

cato

cacto

vela

vela

cozinha

cozinha

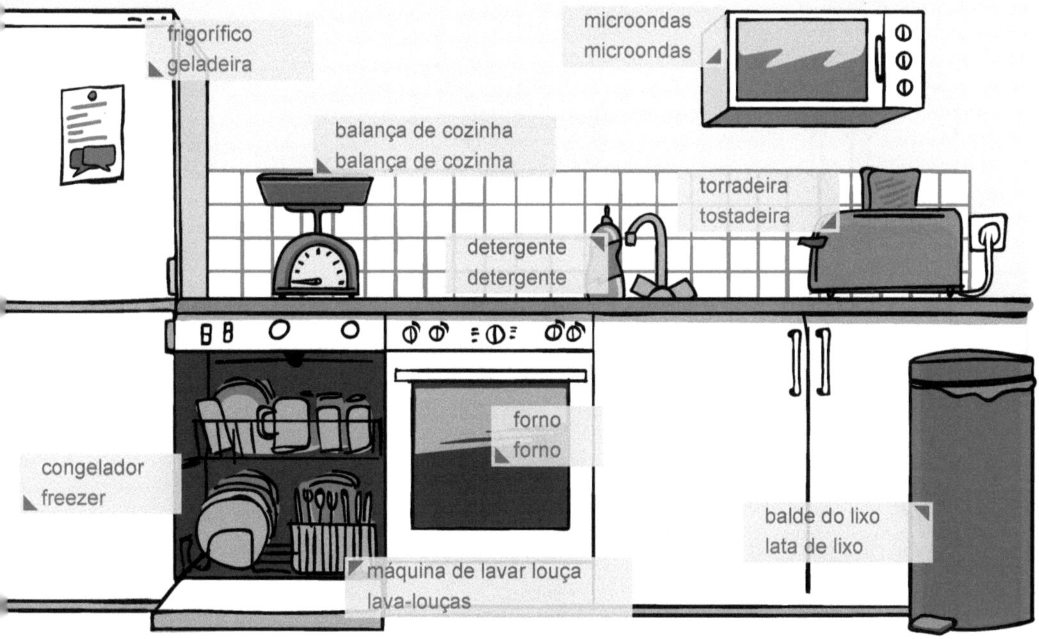
frigorífico
geladeira
microondas
microondas
balança de cozinha
balança de cozinha
torradeira
tostadeira
detergente
detergente
forno
forno
congelador
freezer
balde do lixo
lata de lixo
máquina de lavar louça
lava-louças

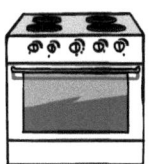

fogão

fogão

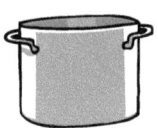

panela

panela

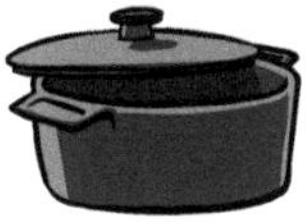

panela de ferro

panela de ferro

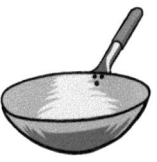

wok / kadai

wok / kadai

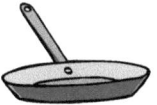

frigideira

frigideira

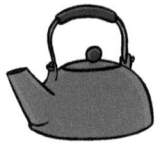

chaleira

chaleira

panela a vapor

panela a vapor

tabuleiro de forno

tabuleiro de forno

louça

louça

caneca

caneca

tigela

caçarola

pauzinhos

hashi

concha de sopa

concha de sopa

espátula

espátula

batedor de claras

batedor

escorredor

escorredor

peneira

peneira

ralador

ralador

almofariz

almofariz

churrasqueira

churrasqueira

lareira

lareira

tábua de cortar
tábua de cortar

rolo da massa
rolo da massa

saca-rolhas
saca-rolhas

lata
lata

abridor de latas
abridor de latas

luvas de forno
pegador de panela

lava-loiça
pia

escova
escova

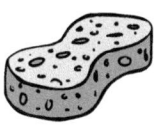

esponja
esponja

liquidificador
liquidificador

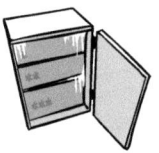

arca frigorífica
congelador

biberão
mamadeira

torneira
torneira

casa de banho

banheiro

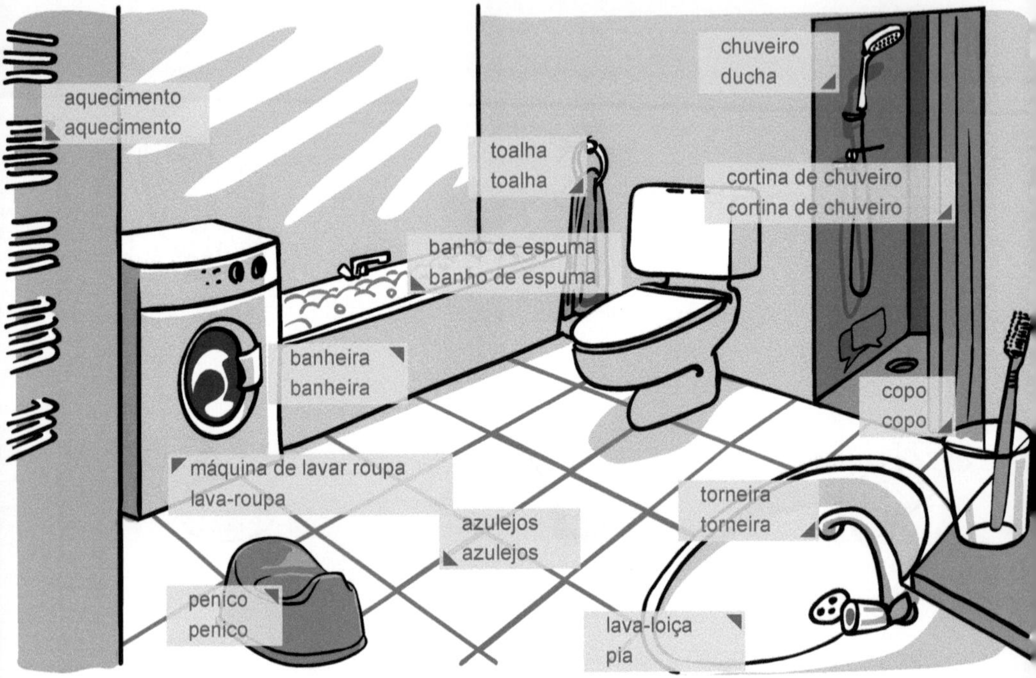
aquecimento
aquecimento
chuveiro
ducha
toalha
toalha
cortina de chuveiro
cortina de chuveiro
banho de espuma
banho de espuma
banheira
banheira
copo
copo
máquina de lavar roupa
lava-roupa
torneira
torneira
azulejos
azulejos
penico
penico
lava-loiça
pia

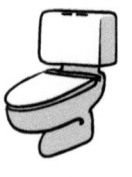

sanita
vaso sanitário

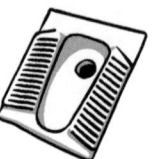

retrete turca
lavabo de agachar

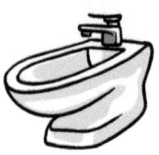

bidé
bidê

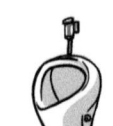

urinol
mictório

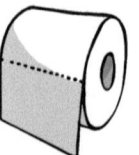

papel higiénico
papel higiênico

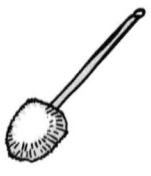

piaçaba
escova de privada

escova de dentes

escova de dentes

pasta de dentes

pasta de dentes

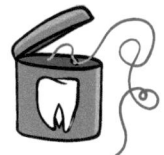

fio dentário

fio dental

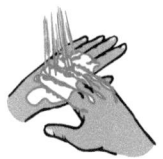

lavar

lavar

chuveiro de mão

ducha de mão

duche íntimo

ducha íntima

bacia

bacia

escova para as costas

escova para as costas

sabonete

sabonete

gel de banho

gel de banho

champô

xampu

toalha de rosto

toalha de rosto

escoamento

escoamento

creme

creme

desodorizante

desodorante

espelho

espelho

espelho de mão

espelho de mão

máquina de barbear

barbeador

creme de barbear

espuma de barbear

loção pós-barba

loção pós-barba

pente

pente

escova

escova

secador de cabelo

secador de cabelo

spray de cabelo

spray de cabelo

maquilhagem

maquiagem

batom

batom

verniz de unhas

esmalte de unhas

algodão

algodão

tesoura para unhas

tesoura para unhas

perfume

perfume

nécessaire
....
nécessaire

tamborete
....
banquinho

balança
....
balança

roupão de banho
....
roupão de banho

luvas de borracha
....
luvas de borracha

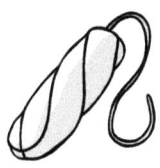

tampão
....
absorvente interno

penso higiénico
....
absorvente íntimo

WC químico
....
banheiro químico

quarto de criança
quarto de criança

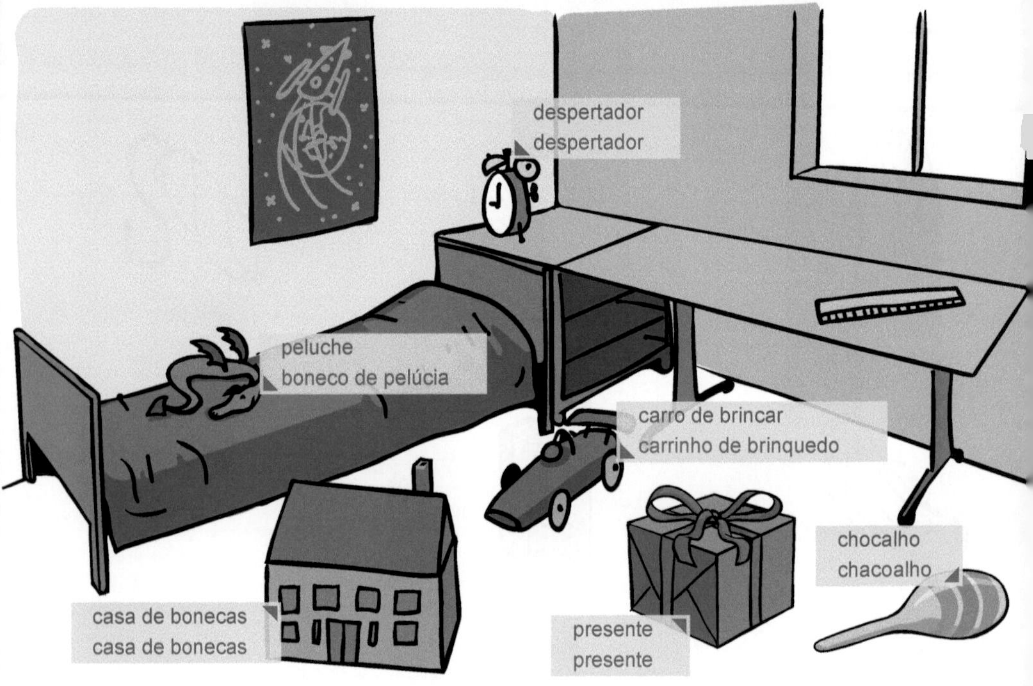
despertador
despertador
peluche
boneco de pelúcia
carro de brincar
carrinho de brinquedo
chocalho
chacoalho
casa de bonecas
casa de bonecas
presente
presente

balão

balão

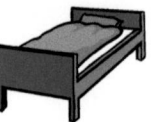

cama

cama

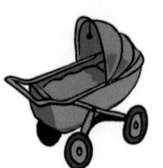

carrinho de bebé

carrinho de bebê

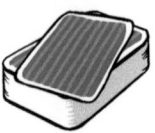

jogo de cartas

jogo de cartas

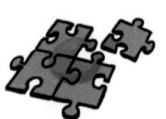

quebra-cabeças

quebra-cabeças

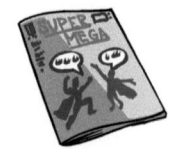

banda desenhada

revista de quadrinhos

peças de Lego

peças de Lego

blocos de construção

blocos de construção

figura de ação

figura de ação

fato de bebé

macaquinho de bebê

Frisbee

frisbee

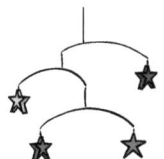

móbile para bebé

móbile para bebé

jogo de tabuleiro

jogo de tabuleiro

dados

dados

pista de comboio elétrico

trenzinho elétrico

chupeta

chupeta

festa

festa

livro ilustrado

livro ilustrado

bola

bola

boneca

boneca

jogar

brincar

caixa de areia

caixa de areia

baloiço

balanço

brinquedos

brinquedos

consola de jogos

videogame

triciclo

triciclo

ursinho de peluche

ursinho de pelúcia

guarda-roupa

guarda-roupa

vestuário

vestuário

meias

meias

meias pelo joelho

meias pelo joelho

meias-calças

meias-calças

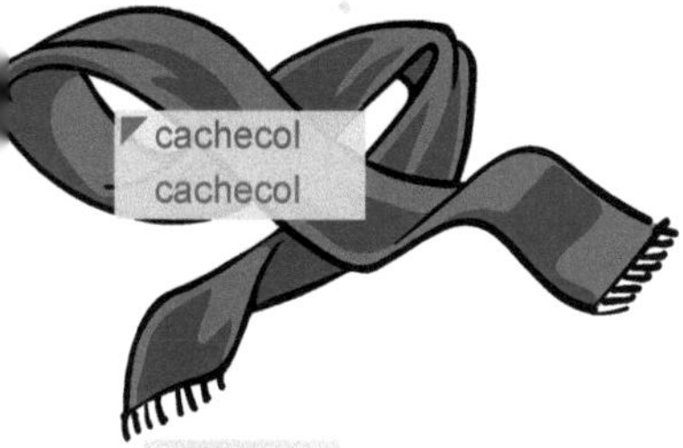

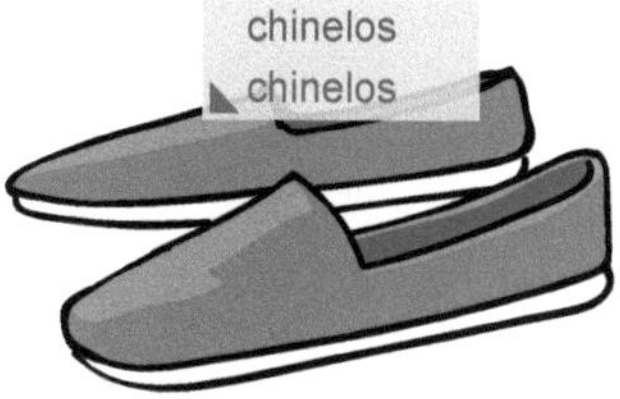

cachecol
cachecol

guarda-chuva
guarda-chuva

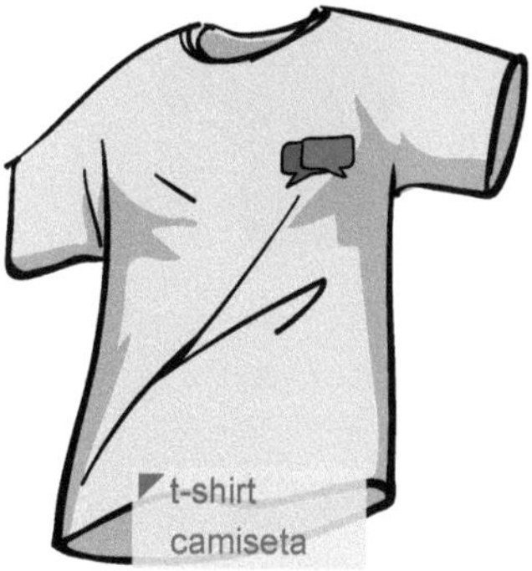

t-shirt
camiseta

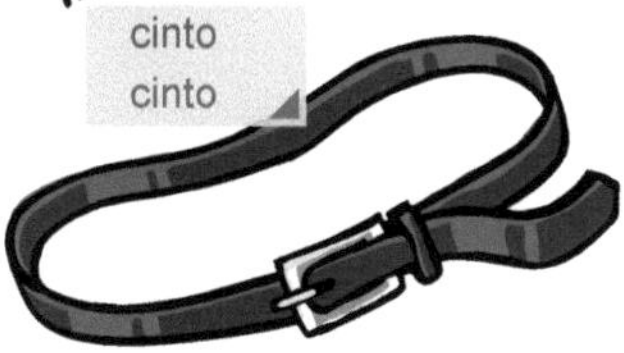

cinto
cinto

botas
botas

chinelos
chinelos

sapatilhas
tênis

sandálias
sandálias

sapatos
sapatos

botas de borracha
botas de borracha

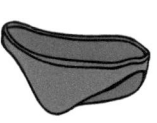

cuecas
roupa de baixo

sutiã
sutiã

camisola interior
camiseta de baixo

body

body

calças

calças

calças de ganga

jeans

saia

saia

blusa

blusa

camisa

camisa

pulôver

pulôver

camisola com capuz

suéter com capuz

blazer

blazer

casaco

jaqueta

manto

casaco

gabardina

gabardine

traje

traje

vestido

vestido

vestido de casamento

vestido de casamento

fato
terno

camisa de dormir
camisola

pijama
pijama

sari
sari

lenço de cabeça
lenço de cabeça

turbante
turbante

burca
burca

cafetã
cafetã

abaya
abaya

fato de banho
maiô

calções de banho
sunga

calções
shorts

fato de treino
roupa de treino

avental
avental

luvas
luvas

botão

botão

óculos

óculos

pulseira

pulseira

colar

colar

anel

anel

brinco

brinco

boné

boné

cabide

cabide

chapéu

chapéu

gravata

gravata

fecho de correr

zíper

capacete

capacete

suspensórios

suspensórios

uniforme escolar

uniforme escolar

uniforme

uniforme

babete
babador

chupeta
chupeta

chupeta
chupeta

fralda
fralda

servidor
servidor

armário de arquivo
armário de arquivos

impressora
impressora

ecrã
monitor

papel
papel

secretária
escrivaninha

rato
mouse

pasta
pasta

teclado
teclado

cesto de lixo
cesto de lixo

computador
computador

cadeira
cadeira

caneca de café
xícara de café

calculadora
calculadora

internet
internet

computador portátil

laptop

carta

carta

mensagem

mensagem

telemóvel

celular

rede

rede

fotocopiadora

copiadora

software

software

telefone

telefone

tomada elétrica

tomada

fax

fax

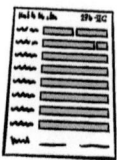

formulário

formulário

documento

documento

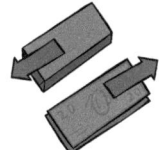

comprar

comprar

pagar

pagar

negociar

negociar

dinheiro

dinheiro

dólar

Dólar

euro

Euro

yen

Yen

rublo

rublo

franco suíço

franco suíço

renminbi yuan

renminbi yuan

rupia

rupia

caixa de multibanco

caixa eletrônico

casa de câmbio

casa de câmbio

ouro

ouro

prata

prata

petróleo

petróleo

energia

energia

preço

preço

contrato

contrato

imposto

imposto

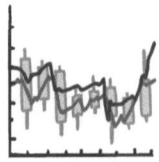

ação

ação

trabalhar

trabalhar

empregado

empregado

entidade patronal

empregador

fábrica

fábrica

loja

loja

profissões
profissões

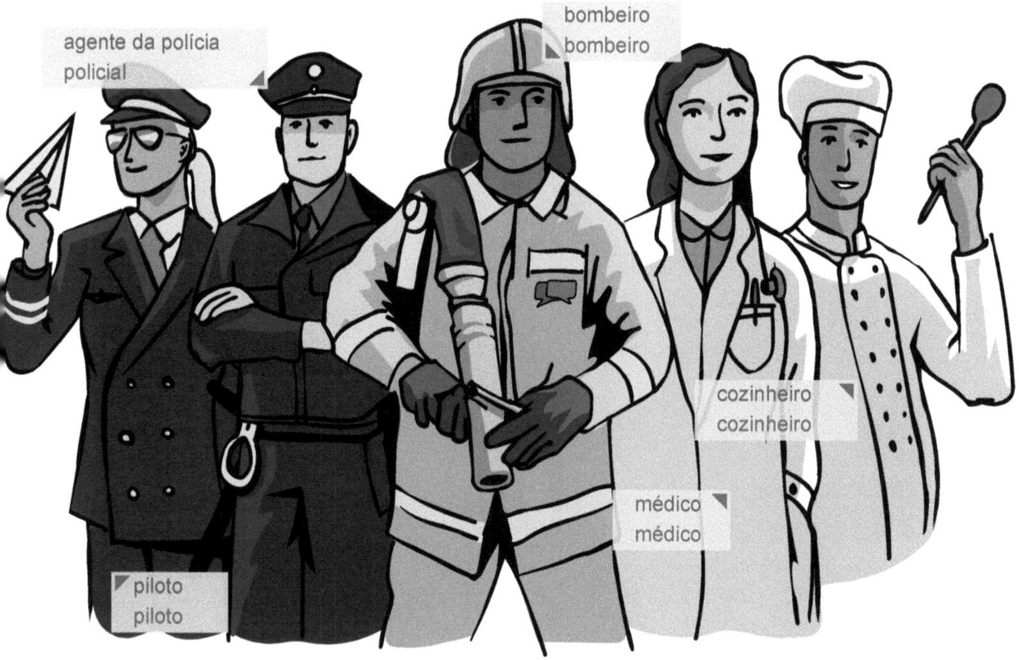
agente da polícia
policial
bombeiro
bombeiro
cozinheiro
cozinheiro
médico
médico
piloto
piloto

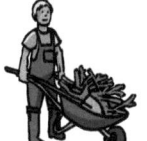

jardineiro

jardineiro

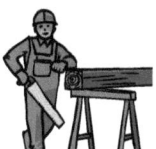

carpinteiro

marceneiro

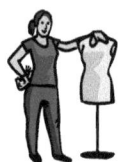

costureira

costureira

juiz

juiz

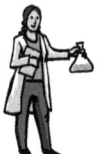

químico

químico

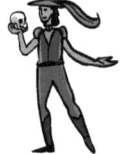

ator

ator

motorista de autocarro
....
motorista de ônibus

motorista de táxi
....
motorista de táxi

pescador
....
pescador

empregada de limpeza
....
faxineira

telhador
....
telhador

empregado de mesa
....
garçom

caçador
....
caçador

pintor
....
pintor

padeiro
....
padeiro

eletricista
....
eletricista

construtor
....
construtor

engenheiro
....
engenheiro

talhante
....
açougueiro

canalizador
....
encanador

carteiro
....
carteiro

profissões - profissões

soldado

soldado

arquiteto

arquiteto

caixa

caixa

florista

florista

cabeleireiro

cabelereiro

controlador de bilhetes

condutor

mecânico

mecânico

capitão

capitão

dentista

dentista

cientista

cientista

rabino

rabino

imã

imam

monge

monge

pastor

pastor

ferramentas
ferramentas

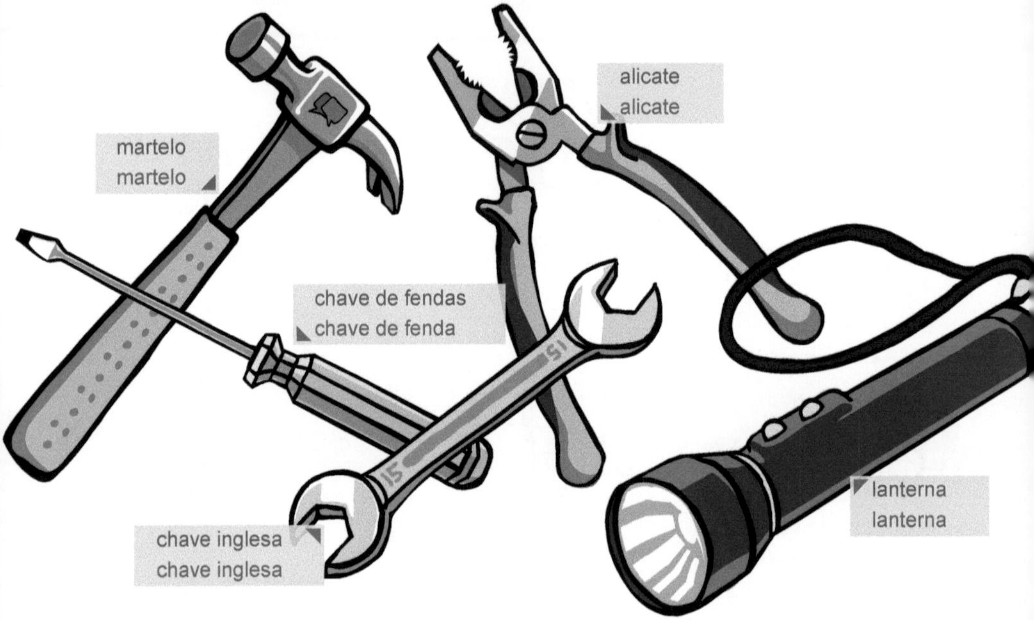
martelo
martelo
alicate
alicate
chave de fendas
chave de fenda
chave inglesa
chave inglesa
lanterna
lanterna

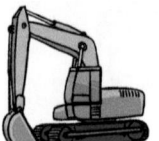

escavadora
escavadora

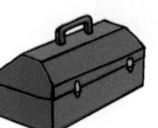

caixa de ferramentas
caixa de ferramentas

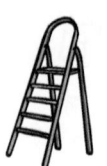

escadote
escada de mão

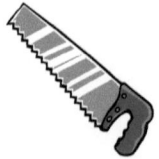

serra
serra

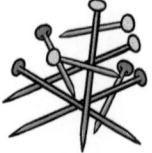

pregos
pregos

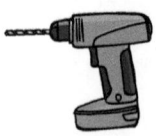

broca
furadeira

reparar
consertar

pá
pá

porcaria!
Droga!

pá de lixo
pá de lixo

pote de tinta
pote de tinta

parafusos
parafusos

instrumentos musicais

instrumentos musicais

altifalante
alto-falante

bateria
bateria

contrabaixo
contrabaixo

trompete
trompete

guitarra
guitarra

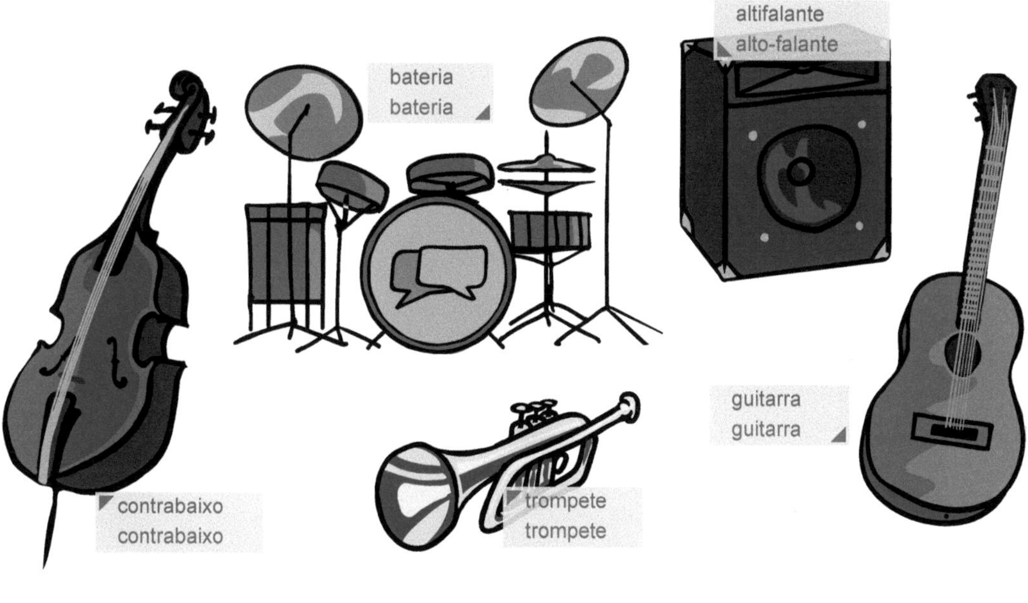

piano

piano

violino

violino

baixo

baixo

timbales

timbales

tambor

tambor

teclado

teclado

saxofone

saxofone

flauta

flauta

microfone

microfone

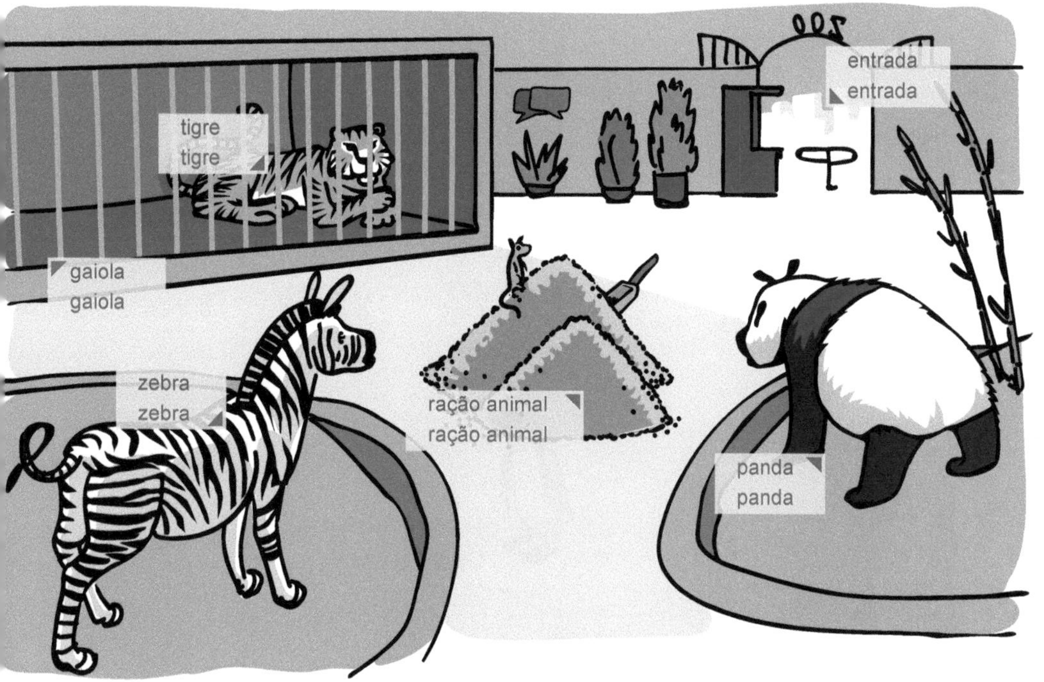

entrada
entrada

tigre
tigre

gaiola
gaiola

zebra
zebra

ração animal
ração animal

panda
panda

animais

animais

elefante

elefante

canguru

canguru

rinoceronte

rinoceronte

gorila

gorila

urso

urso

camelo

camelo

avestruz

avestruz

leão

leão

macaco

macaco

flamingo

flamingo

papagaio

papagaio

urso polar

urso polar

pinguim

pinguim

tubarão

tubarão

pavão

pavão

cobra

cobra

crocodilo

crocodilo

guarda do jardim zoológico

guarda do zoológico

foca

foca

jaguar

jaguar

pónei

pónei

leopardo

leopardo

hipopótamo

hipopótamo

girafa

girafa

águia

águia

javali

javali

peixe

peixe

tartaruga

tartaruga

morsa

morsa

raposa

raposa

gazela

gazela

futebol americano
futebol americano

ciclismo
ciclismo

ténis
tênis

basquetebol
basquete

natação
natação

boxe
boxe

hóquei no gelo
hóquei no gelo

futebol
futebol

badminton
badminton

atletismo
atletismo

andebol
handebol

esqui
esqui

polo
polo

atividades
atividades

saltar
pular
abraçar
abraçar
rir
rir
andar
andar
cantar
cantar
sonhar
sonhar
rezar
rezar
beijar
beijar

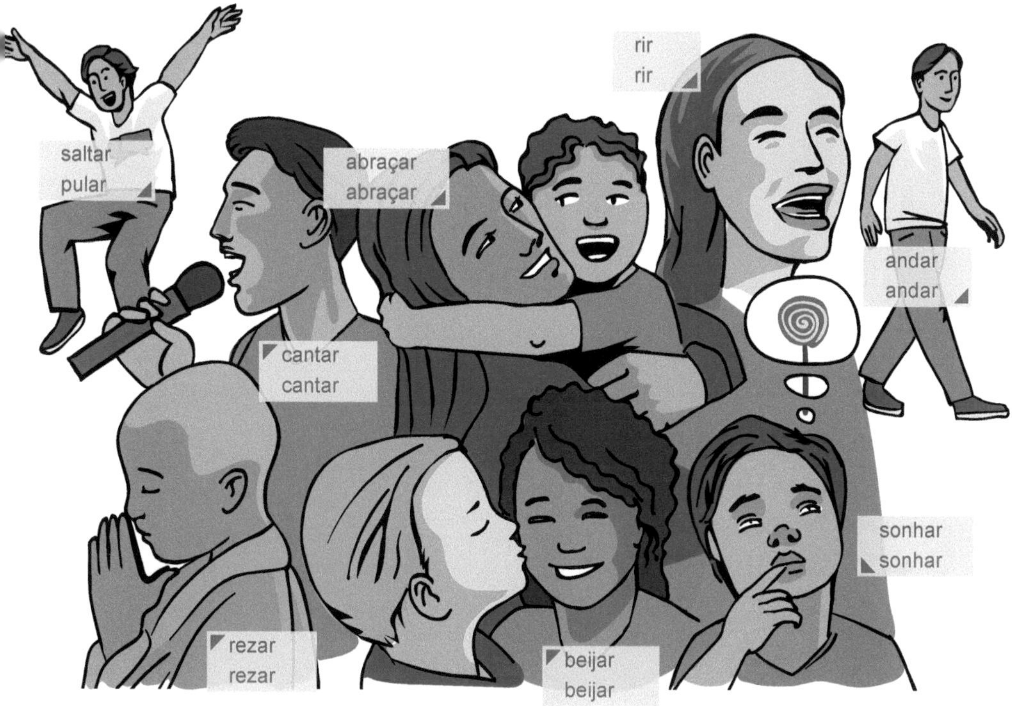

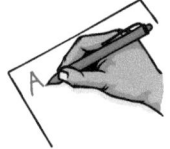

escrever
escrever

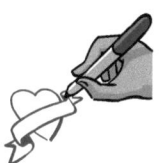

desenhar
desenhar

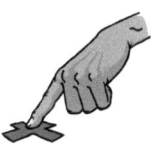

mostrar
mostrar

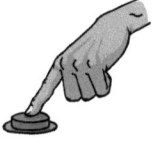

empurrar
empurrar

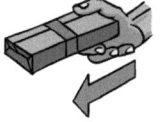

dar
dar

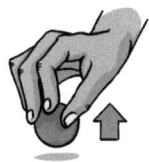

tomar
tomar

ter
ter

fazer
fazer

ser
ser

ficar de pé
ficar de pé

correr
correr

puxar
puxar

remessar
jogar

cair
cair

deitar
deitar

esperar
esperar

carregar
carregar

sentar
sentar

vestir
vestir

dormir
dormir

acordar
despertar

olhar para
olhar para

chorar
chorar

acariciar
acariciar

pentear
pentear

falar
falar

compreender
entender

perguntar
perguntar

ouvir
ouvir

beber
beber

comer
comer

arrumar
arrumar

amar
amar

cozinhar
cozinhar

conduzir
dirigir

voar
voar

velejar

velejar

calcular

calcular

ler

ler

aprender

aprender

trabalhar

trabalhar

casar

casar

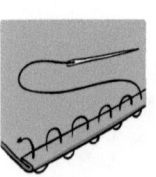

costurar

costurar

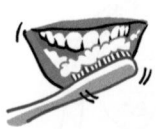

escovar os dentes

escovar os dentes

matar

matar

fumar

fumar

enviar

enviar

avó
avó

avô
avô

pai
pai

mãe
mãe

bebé
bebê

filha
filha

filho
filho

convidado
convidado

tia
tia

tio
tio

irmão
irmão

irmã
irmã

corpo

corpo

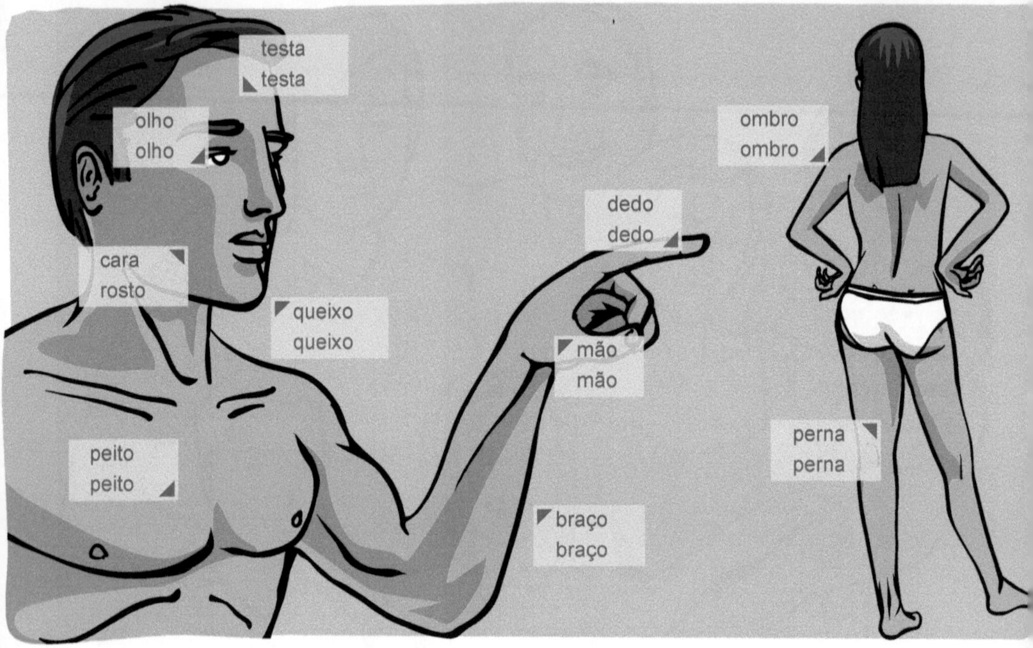

testa
testa

olho
olho

cara
rosto

queixo
queixo

peito
peito

dedo
dedo

mão
mão

braço
braço

ombro
ombro

perna
perna

bebé
bebê

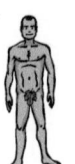

homem
homem

mulher
mulher

menina
menina

menino
menino

cabeça
cabeça

costas

costas

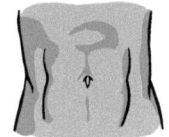

barriga

barriga

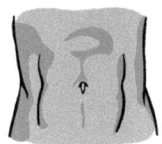

umbigo

umbigo

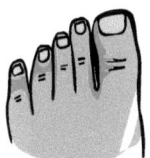

dedo do pé

dedo do pé

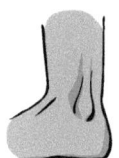

calcanhar

calcanhar

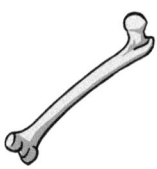

osso

osso

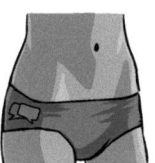

anca

anca

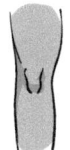

joelho

joelho

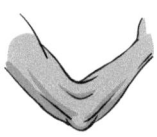

cotovelo

cotovelo

nariz

nariz

nádegas

nádegas

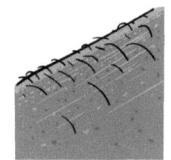

pele

pele

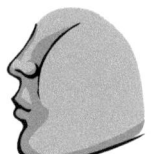

bochecha

bochecha

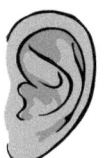

orelha

orelha

lábio

lábio

boca

boca

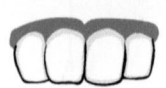

dente

dente

língua

língua

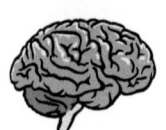

cérebro

cérebro

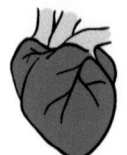

coração

coração

músculo

músculo

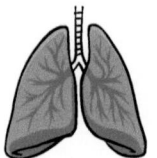

pulmão

pulmão

fígado

fígado

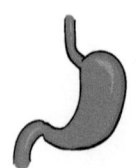

estômago

estômago

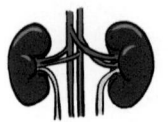

rins

rins

relações sexuais

relações sexuais

preservativo

preservativo

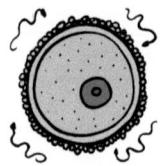

óvulo

óvulo

esperma

esperma

gravidez

gravidez

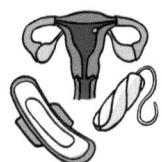

menstruação
menstruação

vagina
vagina

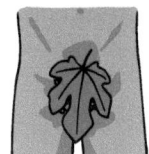

pénis
pênis

sobrancelha
sobrancelha

cabelo
cabelo

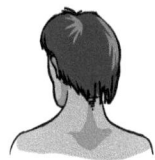

pescoço
pescoço

hospital
hospital

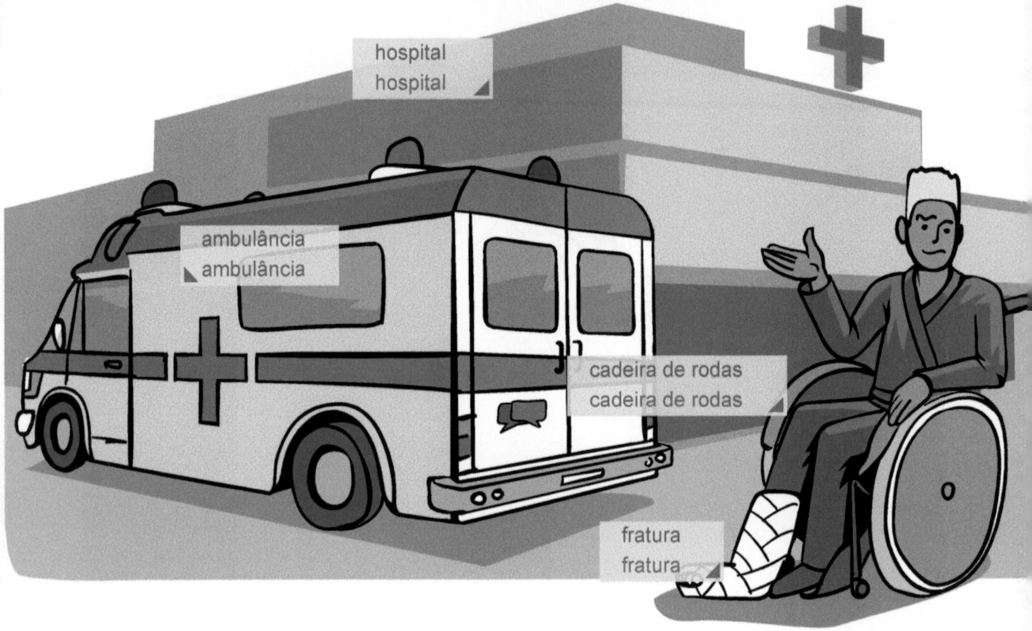

hospital
hospital
ambulância
ambulância
cadeira de rodas
cadeira de rodas
fratura
fratura

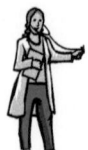

médico
médico

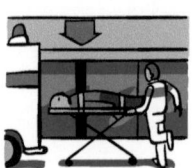

serviço de urgências
pronto-socorro

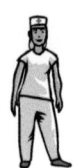

enfermeira
enfermeira

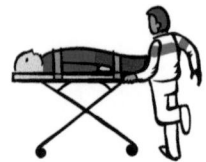

emergência
emergência

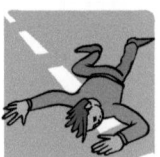

inconsciente
inconsciente

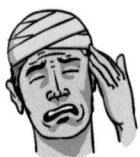

dor
dor

ferimento

ferimento

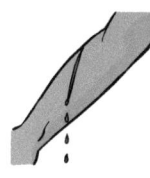

hemorragia

hemorragia

ataque cardíaco

ataque cardíaco

acidente vascular cerebral

acidente vacular cerebral

alergia

alergia

tosse

tosse

febre

febre

gripe

gripe

diarreia

diarreia

dor de cabeça

dor de cabeça

cancro

câncer

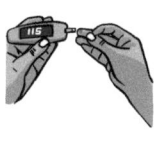

diabetes

diabetes

cirurgião

cirurgião

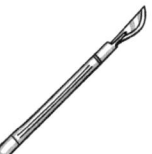

bisturi

bisturi

operação

operação

CT

CT

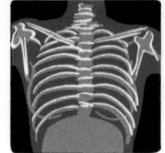

raio x

raio x

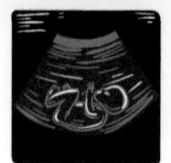

ultrassom

ultrassom

máscara

máscara

doença

doença

sala de espera

sala de espera

muleta

muleta

penso rápido

bandeide

ligadura

ligadura

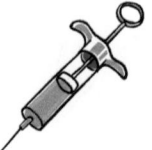

injeção

injeção

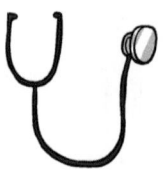

estetoscópio

estetoscópio

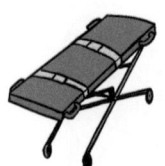

maca

maca

termómetro

termômetro

nascimento

nascimento

excesso de peso

excesso de peso

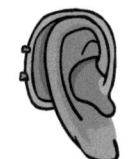

aparelho auditivo

aparelho auditivo

desinfetante

desinfetante

infeção

infecção

vírus

vírus

HIV / SIDA

HIV / AIDS

medicamento

medicamento

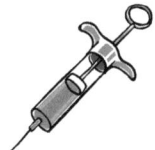

vacinação

vacinação

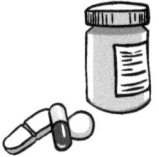

comprimidos

comprimidos

pílula

pílula

chamada de emergência

chamada de emergência

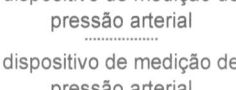

dispositivo de medição de
pressão arterial

dispositivo de medição de
pressão arterial

doente / saudável

doente / saudável

Socorro!

Socorro!

alarme

alarme

assalto

assalto

ataque

ataque

perigo

perigo

saída de emergência

saída de emergência

Fogo!

Fogo!

extintor de incêndios

extintor de incêndios

acidente

acidente

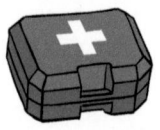

estojo de primeiros socorros

maleta de primeiros socorros

SOS

SOS

polícia

polícia

Europa

Europa

América do Norte

América do Norte

América do Sul

América do Sul

África

África

Ásia

Ásia

Austrália

Austrália

Atlântico

Atlântico

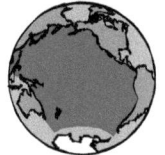

Pacífico

Pacífico

Oceano Índico

Oceano Índico

Oceano Antártico

Oceano Antártico

Oceano Ártico

Oceano Ártico

Polo Norte

Polo Norte

Polo Sul

Polo Sul

Antártica

Antártica

terra

Terra

país

terra

mar

mar

ilha

ilha

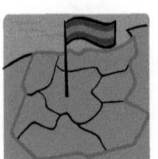

nação

nação

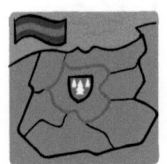

estado

estado

mostrador do relógio

mostrador do relógio

ponteiro das horas

ponteiro das horas

ponteiro dos minutos

ponteiro dos minutos

ponteiro dos segundos

ponteiro dos segundos

Que horas são?

Que horas são?

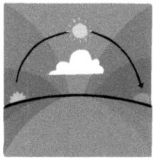

dia

dia

tempo

tempo

agora

agora

relógio digital

relógio digital

minuto

minuto

hora

hora

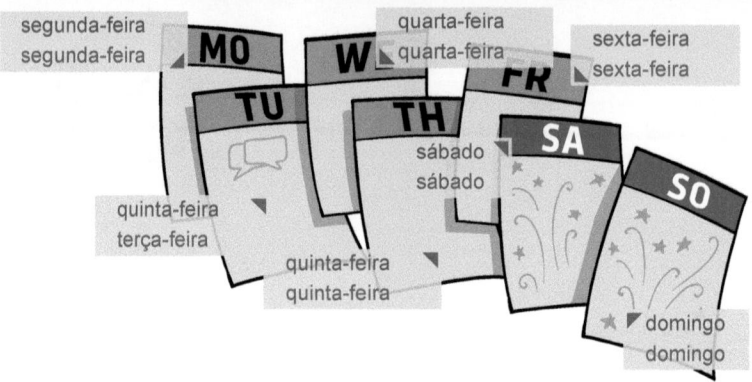

segunda-feira
segunda-feira

quarta-feira
quarta-feira

sexta-feira
sexta-feira

quinta-feira
terça-feira

sábado
sábado

quinta-feira
quinta-feira

domingo
domingo

ontem

ontem

hoje

hoje

amanhã

amanhã

manhã

manhã

meio-dia

meio-dia

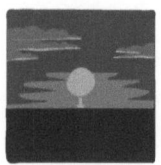

entardecer

entardecer

dias úteis

dias úteis

fim de semana

fim de semana

ano
ano

chuva
chuva
arco-íris
arco-íris
vento
vento
neve
neve
primavera
primavera
verão
verão
outono
outono
inverno
inverno

4.APRIL 11°
5.APRIL 4°
6.APRIL 13°
7.APRIL 8°
8.APRIL 10°

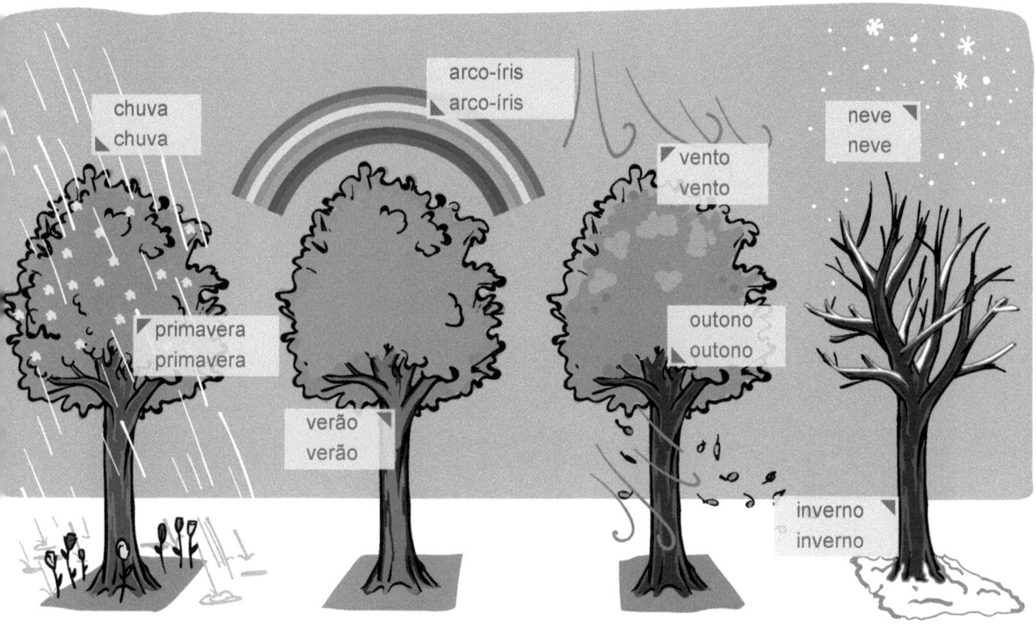

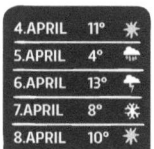

previsão do tempo
previsão do tempo

F C
120 90 60 30 0 -30
40 30 20 10 0 -10 -20

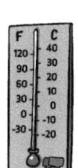

termómetro
termômetro

raios de sol
raio de sol

nuvem
nuvem

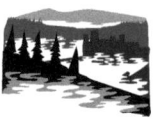

neblina / nevoeiro
neblina / nevoeiro

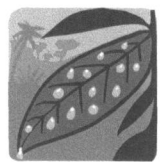

humidade do ar
umidade do ar

relâmpago

relâmpago

trovão

trovão

tempestade

tempestade

granizo

granizo

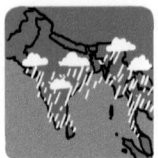

monção

monção

inundação

inundação

gelo

gelo

janeiro

janeiro

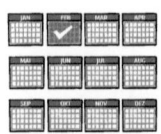

fevereiro

fevereiro

março

março

abril

abril

maio

maio

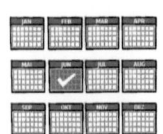

junho

junho

julho

julho

agosto

agosto

setembro

setembro

outubro

outubro

novembro

novembro

dezembro

dezembro

formas

formas

círculo

círculo

quadrado

quadrado

retângulo

retângulo

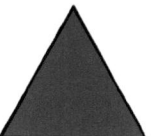

triângulo

triângulo

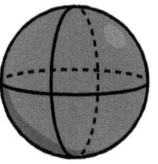

esfera

esfera

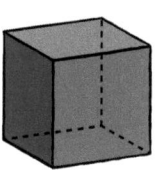

cubo

cubo

branco
....
branco

amarelo
....
amarelo

laranja
....
laranja

rosa
....
rosa

vermelho
....
vermelho

lilás
....
lilás

azul
....
azul

verde
....
verde

castanho
....
marrom

cinzento
....
cinza

preto
....
preto

muito / pouco

muito / pouco

furioso / calmo

furioso / tranquilo

lindo / feio

lindo / feio

princípio / fim

começo / fim

grande / pequeno

grande / pequeno

claro / escuro

claro / escuro

irmão / irmã

irmão / irmã

limpo / sujo

limpo / sujo

completo / incompleto

completo / incompleto

dia / noite

dia / noite

morto / vivo

morto / vivo

largo / estreito

largo / estreito

comestível / não comestível

comestível / não comestível

mau / gentil

mau / gentil

entusiasmado / entediado

entusiasmado / entediado

gordo / magro

gordo / magro

primeiro / último

primeiro / último

amigo / inimigo

amigo / inimigo

cheio / vazio

cheio / vazio

duro / macio

duro / macio

pesado / leve

pesado / leve

fome / sede

fome / sede

doente / saudável

doente / saudável

ilegal / legal

ilegal / legal

inteligente / burro

inteligente / idiota

esquerda / direita

esquerda / direita

perto / longe

perto / longe

novo / usado

novo / usado

nada / algo

nada / alguma coisa

velho / jovem

velho / jovem

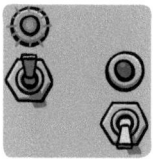

ligado / desligado

ligado / desligado

aberto / fechado

aberto / fechado

baixo / alto

baixo / alto

rico / pobre

rico / pobre

certo / errado

certo / errado

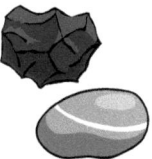

áspero / liso

áspero / liso

triste / feliz

triste / feliz

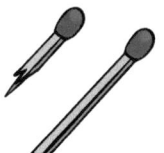

curto / longo

curto / longo

lento / rápido

lento / rápido

molhado / seco

molhado / seco

ameno / fresco

ameno / fresco

guerra / paz

guerra / paz

0

zero

zero

1

um

um

2

dois

dois

3

três

três

4

quatro

quatro

5

cinco

cinco

6

seis

seis

7

sete

sete

8

oito

oito

9

nove

nove

10

dez

dez

11

onze

onze

12

doze

doze

13

treze

treze

14

catorze

quatorze

15

quinze

quinze

16

dezasseis

dezesseis

17

dezassete

dezessete

18

dezoito

dezoito

19

dezanove

dezenove

20

vinte

vinte

100

cem

cem

1.000

mil

mil

1.000.000

milhão

milhão

idiomas

inglês
inglês

inglês americano
inglês americano

chinês mandarim
chinês mandarim

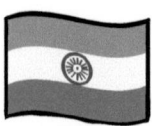

hindi
hindi

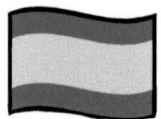

espanhol
espanhol

francês
francês

árabe
árabe

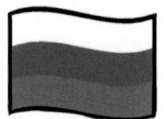

russo
russo

português
português

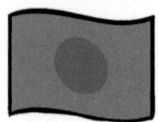

bengalês
bengalês

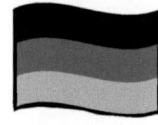

alemão
alemão

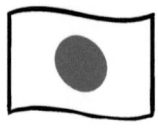

japonês
japonês

eu
....
eu

tu
....
você

ele / ela
....
ele / ela

nós
....
nós

vós
....
vocês

eles / elas
....
eles / elas

quem?
....
quem?

o quê?
....
O quê?

como?
....
como?

onde?
....
onde?

quando?
....
Quando?

nome
....
nome

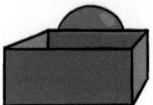

atrás
....
atrás

em
....
em

à frente de
....
na frente de

sobre
....
sobre

em cima
....
em cima

debaixo
....
debaixo

ao lado
....
do lado

entre
....
entre

lugar
....
lugar